Julian Nagel

Demokratisierung der Europäischen Union

GRIN Verlag

Bibliografische Information der Deutschen Nationalbibliothek:

Die Deutsche Bibliothek verzeichnet diese Publikation in der Deutschen National-
bibliografie; detaillierte bibliografische Daten sind im Internet über http://dnb.d-
nb.de/ abrufbar.

Impressum:

Copyright © 2005 GRIN Verlag GmbH
Druck und Bindung: Books on Demand GmbH, Norderstedt Germany
ISBN: 978-3-638-92202-9

Dieses Buch bei GRIN:

http://www.grin.com/de/e-book/51405/demokratisierung-der-europaeischen-union

GRIN - Your knowledge has value

Der GRIN Verlag publiziert seit 1998 wissenschaftliche Arbeiten von Studenten, Hochschullehrern und anderen Akademikern als eBook und gedrucktes Buch. Die Verlagswebsite www.grin.com ist die ideale Plattform zur Veröffentlichung von Hausarbeiten, Abschlussarbeiten, wissenschaftlichen Aufsätzen, Dissertationen und Fachbüchern.

Besuchen Sie uns im Internet:

http://www.grin.com/

http://www.facebook.com/grincom

http://www.twitter.com/grin_com

Christian-Albrechts-Universität zu Kiel
Institut für Politische Wissenschaft
Übung zur Vorlesung: Politische Theorie und Ideengeschichte

Demokratisierung der Europäischen Union

2. Semester, HF: Politische Wissenschaft, NF: Öffentliches Recht und Psychologie
11.06.2005

1. Ist die Demokratisierung der Europäischen Union notwendig?

Die Europäische Union stellt im heutigen Zeitalter einen internationalen Vertreter dar, welcher maßgebliche Entscheidungen für alle seine Mitgliedsstaaten trifft. Die Grundlage dieser Situation waren die Verträge von Maastricht, Amsterdam und Nizza. Durch sie wurde eine EU geschaffen, welche als internationales Gebilde eine bedeutende Rolle für Europa, aber auch für den Rest der Welt, spielt. Die Union wendet sich jedoch hauptsächlich an die in ihr lebenden Bürger. Diese sollen sich durch die EU und durch die Schaffung einer gemeinsamen europäischen Identität als Bürger Europas fühlen.[1] Zum jetzigen Zeitpunkt wird in den Mitgliedsstaaten darüber abgestimmt, ob die EU eine neue und eigene Verfassung bekommen soll. Diese soll die bisherigen Verträge ablösen und der EU eine neue Grundordnung geben. Auf die einzelnen Änderungen soll hier nicht eingegangen werden. Diese neue Verfassung bringt jedoch auch Probleme mit sich, welche sich auch deutlich durch die Uneinigkeit in den Mitgliedsstaaten zeigt. So ist z. B. in Frankreich ein großer Teil der Bevölkerung gegen die Verfassung. Doch selbst wenn diese Verfassung nicht angenommen werden sollte, wird es eine Weiterentwicklung der EU geben, so wie sie es immer gegeben hat. Hier stellt sich dann nur die Frage, ob die EU sich zu einem System entwickelt, welches die nationale Souveränität nicht mehr weiter antastet, oder aber es zu einer EU kommt, welche in der Zukunft das nationale Souveränitätsrecht noch mehr beschneidet.[2] Sollte man von der zweiten und wahrscheinlicheren Lösung ausgehen, so muss das jetzige System der EU hinterfragt werden, um festzustellen, in welcher Position sich die EU befindet, wo ihre Probleme für eine solche Situation lägen und wie diese zu beheben wären. Ein zentraler Aspekt, welcher im Folgenden behandelt werden soll, ist die Frage nach der demokratischen Ordnung der EU. Die Nationalstaaten, welche der EU angehören, sind alles souveräne, demokratische Staaten, in welchen die Bürger die Regierungen wählen. Auf die EU trifft dies nicht ganz zu, obwohl sie für die Bürger wichtige Entscheidungen trifft. Deshalb stellt sich die Frage: Ist eine Demokratisierung der EU notwendig?

2. Aufbau der EU

Um die Frage der Demokratisierung zu stellen, soll im Folgenden dargestellt werden, wie die Union aufgebaut ist, und bei welchen Organen die Entscheidungsbefugnis liegt. Diese sollen vorgestellt werden, da sie für die EU Bürger verbindliche Entscheidungen

---

[1] Siehe Mickel, Wolfgang W.: Politische Bildung in der Europäischen Union, in: Sander, Wolfgang (Hrsg.): Handbuch Politische Bildung, Bonn 2005, S.635.
[2] Vgl. Woyke, Wichard: Handwörterbuch Internationale Politik, Bonn 2004, S. 97.

in vielen Bereichen des politischen Lebens regeln. Die erste Institution, welche hier vorgestellt werden soll, ist der Europäische Rat. Nach Artikel 4 des EU- Vertrags „gibt der Europäische Rat der Union die für Ihre Entwicklung erforderlichen Impulse und legt die allgemeinen politischen Zielvorstellungen für diese Entwicklung fest"[3]. Der Europäische Rat hat in der Vergangenheit die Entscheidungen für die Erweiterung der EU getroffen und sie somit auch maßgeblich geprägt. Des Weiteren fungiert der Europäische Rat als oberste Kontroll- und Berufungsinstanz. Er steht in seiner Position losgelöst vom Europäischen Gerichtshof und dem Europäischen Parlament. Die Mitglieder des Europäischen Rates setzen sich aus den jeweiligen politischen Entscheidungsträgern der Mitgliedstaaten zusammen. So befinden sich in dieser Konstitution sowohl Ministerpräsidenten, Kanzler, Regierungschefs und Premierminister, als auch Staatspräsidenten. Ebenso gehört zum Europäischen Rat der Präsident der Europäischen Kommission. Die zweite hier zu nennende Institution ist das Europäische Parlament. Dies soll einen Gegenpart zum Europäischen Rat bilden. Allerdings hat das Parlament wenig Entscheidungsbefugnis, wenn es um die Systemgestaltung der EU geht. So ist nur eine Zustimmungspflicht gegeben, wenn neue Staaten der EU beitreten wollen. Bei allen anderen Vertragsveränderungen bleiben die Mitgliedsstaaten die oberste Entscheidungsinstanz. Das Europäische Parlament setzt sich aus den bekannten Europawahlen zusammen. Als dritte und letzte Institution soll hier die Europäische Kommission genannt werden. Sie hat weitgehend das Initiativmonopol in der Europäischen Union. Der Europäische Rat und das Europäische Parlament könne in der Regel Rechtsakte nur auf Vorschlag der Kommission beschließen. Das politische Entscheidungsgremium der Kommission ist das so genannte Kollegium. Es setzt sich aus einem Kommissar pro Mitgliedsstaat und dem Kommissionspräsidenten zusammen. Der Präsident und das Kollegium werden von den Mitgliedsstaaten und durch die Zustimmung des Europäischen Parlaments für eine Amtszeit von fünf Jahren ernannt.[4]

Natürlich gibt es in der EU noch weitaus mehr Institutionen und sie ist mit Sicherheit viel komplexer, als oben dargestellt. Doch um das folgende Problem aufzuzeigen, soll die Darstellung dieser drei Institutionen reichen.

3. Das Demokratiedefizit der Europäischen Union

Aus den oben vorgestellten Institutionen ergibt sich für die Europäische Union ein so genanntes demokratisches Defizit.

---

[3] http://europa-eu.int/abc/obj/treaties/de/detr2b.htm#Artikel_D, 02.06.2005.
[4] Siehe Wessels, Wolfgang: Das politische System der EU, in: Weidenfeld, Werner (Hrsg.): Die Europäische Union – Politisches System und Politikbereiche, Bonn 2004, S. 83 ff.

Zunächst lässt sich das Demokratiedefizit auf einer institutionellen Ebene analysieren. Durch den Fakt, dass die Mitgliedsstaaten der EU eine demokratische Ordnung haben müssen, kann man konstatieren, dass dies auch für die EU selbst gelten müsse. Allerdings gibt es eine deutliche Kritik an der derzeitigen Organisation der EU, vor allem an dem Europäischen Rat und an der Kommission, da diese maßgeblich die Politik der EU gestalten. Denn alle Mitgliedsstaaten haben eines gemeinsam und das ist das Vorhandensein eines Parlaments, welches als Vertretung des Volkes gewählt und legitimiert ist. Somit wird unter der Demokratie eine Institutionalisierung verstanden, welche verbindliche Entscheidungen darstellen soll. Das Europäische Parlament stellt diese Institutionalisierung jedoch in keiner Form dar. Die Fülle an Entscheidungsbefugnissen liegt, wie oben bereits angesprochen, in anderen Instanzen.[5] Zwar werden seine Mitglieder seit 1979 direkt gewählt, es fehlt jedoch die wirkliche Identität einer Europawahl. Bei diesen Wahlen fehlt das konkurrierende europapolitische Programm, zwischen welchem sich die Bürger entscheiden. Die sich zur Wahl stellenden Politiker sind hauptsächlich von ihrer nationalen Politik abhängig, da die Fraktionen selbst über die Schlüsselpositionen für die europäische Politik bestimmen. Deshalb propagieren Politiker vordergründig mit Dieser, um ein politisches Amt im Europäischen Parlament anzustreben. Deshalb wirkt die Europawahl auf die Wähler wie eine zweitrangige nationale Wahl, mit den Folgen, dass es eine wesentlich geringere Wahlbeteiligung gibt. Oft werden solche Wahlen von den Bürgern lediglich genutzt um nationale Regierungsparteien während ihrer Amtszeit abzustrafen. Dies hat als Folge eine Erhöhung des Demokratiedefizits, trotz des gestiegenen Einflusses des EP. Denn das Potential der Europawahlen, welche eigentlich für den Abbau des Demokratiedefizits gedacht waren, sinkt damit erheblich.[6] Die EU ist dadurch schlicht keine fähige Wettbewerbsdemokratie, da es keinen Wettbewerb zwischen rivalisierenden Parteien gibt. Für eine Wettbewerbsdemokratie müssten mehrere Kriterien erfüllt sein. Zum Beispiel müssten hierzu konkurrierende Programme verschiedener Parteien bestehen und die Wähler müssten ihre Wahlentscheidung auf Grund dieser Programme fällen, unabhängig von der nationalen Situation der gewählten Partei. Wenn diese Verfahrensweise jedoch nicht praktiziert wird, besteht ein Demokratiedefizit der EU weiterhin. Ähnliches lässt sich auch über die Parteien selbst sagen. Die Demokratie innerhalb der EU kann nur funktionieren, wenn Parteien in der Lage sind über

[5] Siehe Maurer, Andreas: Parlamentarische Demokratie ind der Europäischen Union, Baden-Baden 2002, S. 34.
[6] Siehe Hix, Simon: Parteien, Wahlen und Demokratie in der EU, in: Jachtenfuchs, Markus und Kohler Koch, Beate (Hrsg.): Europäische Integration, 2003, S.154 ff.

das Europäische Parlament ihre Programme durchzusetzen. Dies funktioniert jedoch nur, wenn das EP einen größeren Einfluss auf den Gesetzgebungsprozess hat. [7] Es wird zusätzlich angenommen, dass durch eine Zunahme der Mitglieder die Mehrheitsregel im Europäischen Rat zunehmend an Bedeutung gewinnt. Das Problem hierbei ist, dass dies zur Folge hat, dass einige Mitgliedsstaaten von anderen überstimmt werden können. Daraus könnten für die überstimmten Staaten Akzeptanz- sowie Begründungsprobleme für die Entscheidungen entstehen, da lediglich die Möglichkeit nationalen Handelns zurückgeschraubt wird, während es in der EU keine Institution gibt, welche den einzelnen Staaten mehr Handlungsmöglichkeiten überträgt. [8]

4. Das Problem der Legitimation

Das Problem der Legitimation ist eng vernetzt mit dem Problem des Demokratiedefizits, weil es im Wesentlichen um die demokratische Legitimation der EU geht. Legitimation ist allgemein definiert, als eine „Berechtigung"[9]. Die Berechtigung sollte aufbauend auf dem Gedanken der Volkssouveränität vom Volke ausgehen.[10] Es dürfte jedoch schwer fallen, diese Berechtigung, welche durch ein Volk ausgesprochen werden sollte in den Institutionen der EU zu finden. Wenn nämlich allgemein von einem Demokratiedefizit gesprochen wird, impliziert dies meist auch eine Legitimationsschwäche.[11] Die offensichtliche Legitimationsschwäche liegt darin, dass sowohl der Europäische Rat, als auch die Mitglieder der Kommission von den jeweiligen nationalen Regierungen berufen werden. Dies bedeutet im Umkehrschluss jedoch nichts weiter, als dass die nach der obigen Definition von Legitimation, Selbige von der nationalen Ebene auf die europäische Ebene übertragen wird. Es ist jedoch schwer aus den nationalen Parlamenten die Legitimation für eine europäische Politik herzuleiten, da diese meistens zwei Themen sind, welche sich im nationalen Kontext und der praktischen nationalen Politik nicht miteinander verknüpft finden. Beim dem derzeitigen Stand der Dinge lässt sich feststellen, dass die EU darauf angewiesen ist, diese Legitimation über die Mitglieds-

---

[7] Siehe Hix, Simon: Parteien, Wahlen und Demokratie in der EU, in: Jachtenfuchs, Markus und Kohler Koch, Beate (Hrsg.): Europäische Integration, 2003, S.152 ff.

[8] Siehe Kielmansegg, Peter Graf: Integration und Demokratie, in: Knelangen, Wilhelm (Hrsg.): Übung zur Vorlesung „Politische Theorie und Ideengeschichte", Kiel 2005, S.387 ff.
[9] Wissenschaftlicher Rat der Duden Redaktion: Das Fremdwörterbuch, 6.Auflage, Mannheim 1997, S. 469.
[10] Siehe Maurer, Andreas: Parlamentarische Demokratie ind der Europäischen Union, Baden-Baden 2002, S. 39.

[11] Siehe Kielmansegg, Peter Graf: Integration und Demokratie, in: Knelangen, Wilhelm (Hrsg.): Übung zur Vorlesung „Politische Theorie und Ideengeschichte", Kiel 2005, S.389.

staaten zu erhalten, da die EU sich diese Legitimation durch seine Institutionen nicht selbst gegeben hat.[12]

Vergleichend lässt sich zum Aufzeigen des Problems auch die Idee des föderativen Bundesstaates heranziehen. In einem föderativen System liegen die eigentlichen Souveränitätsrechte beim Bundesstaat. Die Teilstaaten sind dem Bundesstaat eindeutig untergeordnet. Ganz nach der Regel, Bundesrecht bricht Landesrecht. Dies trifft schon teilweise auf die Europäische Union zu, da sie sich in immer mehr Politikfeldern in die nationalen Belange der Teilstaaten einschalten kann und es auch macht. Das Problem entsteht dadurch wieder auf demselben Wege. In einem föderativen System wie beispielsweise das der BRD wurden sowohl die Parlamente der Länder, als auch das des Bundes von dem Volk legitimiert, um für sie politische Entscheidungen zu treffen. Dies trifft auf Grund des institutionellen Gebildes der EU jedoch nicht auf Selbige zu.[13]

5. Das kulturelle Problem

Das bereits behandelte Problem der Legitimation ist in seiner obigen Beschreibung ein rein Formelles. Des Weiteren tritt dieses Problem aber auch im kulturellen Zusammenhang auf. Hierbei handelt es sich um die soziale Legitimität der EU. Die soziale Legitimität ist „die tatsächlich gegebene und empirisch[…] nachweisbare Akzeptanz eines politischen Systems"[14]. Es lässt sich jedoch nach dieser Definition nicht klar feststellen, dass die Bürger der EU das Gefühl verbindet, ein einheitliches Staatsvolk zu sein, welches ein für ganz Europa übergeordnetes System der Politik anerkennt. Genau an dieser Stelle entsteht das Problem, wenn nämlich die Europäische Union nur noch als ein aufoktroyiertes System empfunden wird, welches die Lebensbedingungen seiner Mitbürger und Mitbürgerinnen beträchtlich beeinflusst, statt sie durch seine Existenz zusammen zu führen. Doch die Eingriffe der europäischen Politik werden auch in der Zukunft zunehmen, so dass die Frage der Legitimität auf der sozialen Seite zunehmend an Bedeutung gewinnt. Selbst eine neue verabschiedete Verfassung könnte dieses Problem lediglich institutionell beheben. Denn eine Verfassung ist nicht das Instrument welches in der Lage ist ein Staatsvolk zu definieren. Viel mehr ist es der umgekehrte Weg, welcher vorgibt, dass eine Verfassung nur durch ein gemeinsames Staatsvolk legitimiert werden

---

[12] Siehe Kielmansegg, Peter Graf: Integration und Demokratie, in: Knelangen, Wilhelm (Hrsg.): Übung zur Vorlesung „Politische Theorie und Ideengeschichte", Kiel 2005, S.390.

[13] Siehe Lepsius, Rainer M.: Nationalstaat oder Nationalitätenstaat als Modell für die Weiterentwicklung der Europäischen Gemeinschaft, in: Wildenmann, Rudolf (Hrsg.): Staatswerdung Europas?: Optionen für eine Europäische Union, Baden-Baden 1991, S. 20 f.

[14] Maurer, Andreas: Parlamentarische Demokratie ind der Europäischen Union, Baden-Baden 2002, S.42.

kann. Damit kann dieses Problem nicht einfach von der Politik in Form einer normativen Entscheidung gelöst werden. Es geht viel mehr um die politische Bemühung ein Wir –Gefühl in Europa zu vermitteln. Was Europa fehlt ist das Faktum einer Kommunikationsgemeinschaft. Europa hat nicht etwa wie die Vereinigten Staaten von Amerika eine gemeinsame Sprache. Jeder in seinem Staat lebende Bürger spricht seine eigene Sprache und somit fehlt auch durch diese Tatsache eine gemeinsame Verbindung zwischen den Staatsbürgern der EU. Hinzu kommt, dass die europäische Geschichte nicht als eine gemeinsame Geschichte wahrgenommen wird. Vielmehr geht es um eine geschichtliche Entwicklung, welche jeder Staat und jedes Staatsvolk durchlaufen hat. Daraus entsteht eine Abgrenzung unter den verschiedenen Staatsvölkern. Somit bleibt doch wieder jeder Staat und jeder Bürger an seine geschichtlich vorgeprägte und in sich stabile Kommunikationsgemeinschft gebunden.[15] Somit stellt der fehlende homogene Volkswille das große Problem der Legitimation der EU dar. Denn ohne dieses Zusammengehörigkeitsgefühl ist eine weitere Demokratisierung der EU nicht möglich. Erst dieses Wir-Gefühl würde einem Europäischen Rat die Möglichkeit geben nach dem Mehrheitsprinzip zu entscheiden. In einem etwaigen Bundesstaat entstünde sonst ausschließlich ein gemeinsames Wahlvolk, ohne gemeinsame Identität. Hinzu kommt, dass in Europa keine identischen Lebensverhältnisse herrschen. Deshalb kann es für Europa auch keine gemeinsame Politik geben.[16]

6. Lösungsansätze

Die oben genannten Probleme der heutigen Europäischen Union bedürfen eines Überdenkens zur Findung einer Lösung des Problems, wenn es sie dann gibt. Da wie bereits in der Einleitung angesprochen die EU in einer empirisch belegbaren ständigen Entwicklung ist, müssen Lösungsansätze gefunden werden, um die bestehenden Probleme zu lösen.

6.1 Institutionelle Lösungsansätze

Zum Lösungsansatz des institutionellen Problems spielt das Europäische Parlament eine entscheidende Rolle, da es die einzige vom Volk gewählte Kammer der Europäischen

---

[15] Siehe Kielmansegg, Peter Graf: Integration und Demokratie, in: Knelangen, Wilhelm (Hrsg.): Übung zur Vorlesung „Politische Theorie und Ideengeschichte", Kiel 2005, S.387 ff.

[16]Siehe Maurer, Andreas: Parlamentarische Demokratie ind der Europäischen Union, Baden-Baden 2002, S. 51 f.

Union ist. Dazu müsste das EP dazu legitimiert werden, an den wichtigen Prozessen der EU teilzuhaben. Dazu gehören Gleichberechtigung bei der Gesetzgebung, sowie das Initiativrecht, welches bisher nur die Kommission besitzt.[17] Diese sollte im Gegenzug parlamentarisiert werden und der Europäische Rat sollte so etwas wie eine zweite Kammer darstellen. Die ist jedoch auf Grund des Verstages der EU nicht so einfach zu realisieren, da es in der EU so etwas wie eine doppelte Legitimität gibt. Denn zum Einen sind die nationalen souveränen Staaten die Herren der Verträge, und zum Anderen hätte man eine legitimierte Vertretung des europäischen Volkes. Dies führt zu einem Grundkonflikt um die demokratische Legitimation.[18] Eine Lösung dieses Problems läge in der Veränderung des Systems zu einem rein Föderalem. Dadurch lägen alle Souveränitätsrechte beim Bund und der Teilstaat wäre Diesem untergeordnet.[19] Daraus würde auch folgen, dass die nationalen Parlamente an Bedeutung verlören und lediglich die Entscheidungsbefugnis eines heutigen Bundeslandes in Deutschland hätten.[20] Ein weiterer Vorschlag zur Aufhebung des Demokratiedefizits ist der, von Europäischen Referenden. Die Begründung für solche Referenden liegt darin, dass die EU keine Regierung hat, welche in irgendeiner Form abwählbar ist und auf diesem Wege direkte Demokratie geschaffen werden soll. In der Praxis sähe es dann so aus, dass die Bürger der EU im Rahmen der Europawahlen gleichzeitig über eine Reihe von Gesetzesinitiativen abstimmen. Problematisch ist jedoch die Frage, ob solche Referenden nicht am politischen Desinteresse der Bürger scheitern könnten, ähnlich wie dies schon bei den Europawahlen der Fall ist. Ein weiterer Vorschlag zur direkten Demokratie ist der, der direkten Wahl des Kommissionspräsidenten, ähnlich wie in einem Präsidialsystem. Diese Wahl findet ihre Begründung darin, dass das EP zwar über den Kandidaten für das Amt des Kommissionspräsidenten abstimmen darf, es wie oben gezeigt bei den Europawahlen aber nur um nationale Interessen geht. Auch hier entsteht ein Problem, nämlich das ein solcher Kommissionspräsident, da vom Volk gewählt, zu viel Macht haben könnte. Er wäre in der Lage für ein ganzes europäisches Volk zu sprechen. Dadurch würde die Fähigkeit der anderen Kammern wiederum erheblich reduziert. Wichtig für eine institutionelle Demokratisierung wäre die Organisation der Parteien. Diese müssten wirklichen Europawahlkampf machen, in welchem es nur um die europäische Politik geht.

---

[17] Siehe Kielmansegg, Peter Graf: Integration und Demokratie, in: Knelangen, Wilhelm (Hrsg.): Übung zur Vorlesung „Politische Theorie und Ideengeschichte", Kiel 2005, S.409.

[18] Siehe Lepsius, Rainer M.: Nationalstaat oder Nationalitätenstaat als Modell für die Weiterentwicklung der Europäischen Gemeinschaft, in: Wildenmann, Rudolf (Hrsg.): Staatswerdung Europas?: Optionen für eine Europäische Union, Baden-Baden 1991, S. 21 f.

[19] Siehe Ebd. S.22.

[20] Siehe Ebd. S.25.

Daraus folgend sollten die Parteien im Zuge des EP eine Möglichkeit bekommen, sowohl legislativ, als auch exekutiv das von ihnen angebotene Programm innerhalb der
EU umzusetzen.[21] Es geht im Wesentlichen also um eine bessere Stellung des Europäischen Parlaments gegenüber der Kommission und dem Europäischen Rat und um seine
Erweiterung bezüglich der Entscheidungsbefugnisse. Wichtig für diese Prozedur ist
jedoch die bereits oben angesprochene Herstellung einer wirklichen Europawahl, welche vom europäischen Volk auch als solche empfunden wird und von nationalen Interessen völlig losgelöst ist. Wenn man den Weg von der institutionellen Lösungen be-
schreitet, könnte man gleichzeitig das Problem der formellen Legitimation beheben. In
einem föderativen System mit einem den Volkswillen Europas vertretenden Parlament,
hätte man eine legitimatorische Basis geschaffen, um Europa als Einheit zu regieren.
Entscheidend für die formelle Legitimation ist also lediglich die Herstellung eines hand-
lungsfähigen und auf europapolitischem Wahlkampf basierenden Europäischen Parlaments. Eine letzte Möglichkeit wäre auch die direkte Beteiligung von nationalen Parlamenten am europäischen Prozess. Hierzu könnte auf EU- Ebene eine weitere Institution
geschaffen werden, welche parlamentarisch fungiert und sich ausschließlich aus gewählten Vertretern der nationalen Parlamente zusammensetzt. So umginge man zumindest die Zweitrangigkeit einer Europawahl. Fraglich wäre jedoch, welche konkrete
Funktion dieses Parlament einnehmen sollte. Hierzu sind zwei Möglichkeiten denkbar.
Zum eine könnte es eine rein beratende Funktion einnehmen, und bei wichtigen Rechts-
akten Stellungnahmen abgeben, um die Entscheidungen zu beeinflussen. Zum anderen
könnte es aber auch ein gleichwertiger Partner zum EP und zum Europäische Rat werden und damit Entscheidungsprozesse wesentlich beeinflussen.[22]

6.2 Kulturelle Lösungsansätze

Noch schwerer als auf der formellen Ebene wird es, dass soziale Problem der Legitimation zu lösen. Der oben genannte Denkansatz behauptet, dass sich das Problem der
Demokratisierung der EU nicht auf institutioneller Ebene beheben lässt, da es kein gemeinsames europäisches Volk gibt. Hierbei wird jedoch vergessen, dass eine institutionelle Veränderung eine Eigendynamik entwickeln könnte. Es ist nicht festgeschrieben,

---

[21] Siehe Hix, Simon: Parteien, Wahlen und Demokratie in der EU, in: Jachtenfuchs, Markus und Kohler
Koch, Beate (Hrsg.): Europäische Integration, 2003, S.173ff.

[22] Siehe Maurer, Andreas: Parlamentarische Demokratie ind der Europäischen Union, Baden-Baden 2002,
S.47 ff.

dass es einen unveränderlichen Status quo der Völker gibt. So könnte beispielsweise ein stärkeres und direkt gewähltes Parlament auch eine höhere politische Identifikation zur Folge haben. Es wird also völlig außer Acht gelassen, dass es noch Entwicklungsmöglichkeiten innerhalb der Europäischen Union gibt. Ebenso wichtig ist der Fakt, dass der Gedanke der Staatsgründung hier falsch herum gedacht ist. In der Geschichte ist es nicht so gewesen, dass die Demokratie an ein Staatsvolk gebunden war. Vielmehr war es so, dass beispielsweise beim amerikanischen oder beim spanischen Staatsvolk eine Verfassung als Gründungsakt vorausging. Erst im Nachhinein haben sich die wichtigen Merkmale wie Kultur und Sprache zur Herstellung einer gemeinsamen Identität herausgebildet. Bezogen auf die EU würde dies bedeuten, dass eine europäische Verfassung als Folge die Bildung eines europäischen Volkes haben könnte.[23] Außer Acht zu lassen ist auch nicht die historische Komponente. So ist Europa zwar ein Kontinent mit viel individueller Historie, jedoch besteht kein Nationalstaat in seiner heutigen Form so lange wie Europa selbst. Seine Grenzen waren zwar immer fließend und wurden auch immer neu bestimmt, aber der historische Fortbestand schafft zumindest eine gewisse Identifikation mit dem europäischen Kontinent. Natürlich soll auch in Zukunft der Respekt vor den verschiedenen Kulturen Europas nicht verloren gehen und nur noch eine europäische Kultur vorhanden sein, aber diese europäische Kultur und Identität muss zusätzlich zum jetzigen Stand dazu gewonnen werden.[24] Ein gemeinsames europäisches Volk und damit die europäische Identität könnte auch noch auf dem materialistischen Wege gewonnen werden. Dieser wäre möglich, wenn die Bürger eines Landes durch ihre Mitgliedschaft in der EU Vorteile sehen, oder wenn man bereit ist andere Länder solidarisch zu unterstützen, weil man selbst einen Vorteil daraus erhält. Dies wäre zwar kein kultureller Fortschritt, er könnte jedoch in einem schlichten Verfahren das Wir-Gefühl der Bürger verstärken, weil sie ein anderes Gefühl für Europa bekommen. Ein letzter und doch wichtiger Faktor ist die Zeit: die momentane Stimmung der Bürger in der EU gegenüber Europa lässt sich durchaus auf die erst kürzliche Osterweiterung zurückführen. In einer solch kurzen Zeit lässt sich keine gemeinsame Kultur und Identität stiften. Werden jedoch in Zukunft überwiegend positive Erfahrungen mit

---

[23] Siehe Maurer, Andreas: Parlamentarische Demokratie in der Europäischen Union, Baden-Baden 2002, S.53.

[24] Siehe Nida-Rümelin, Julian: Europäische Kultur- Identität und Differenz, http://www.bpb.de/popup/popup_druckversion.html?guid=WCRD85, 05.06.2005.

anderen Mitgliedern gemacht, so kann sich wesentlich leichter ein Gefühl heraus bilden, welches die Völker Europas verbindet. [25]

7. Fazit

Um die genannten Aspekte zu resümieren, lässt sich die Frage nach der Notwendigkeit der Demokratisierung Europas eindeutig mit ja beantworten. Ein Europa, welches sich in Zukunft immer weiter entwickelt, braucht eine legitimatorische Basis um Politik für Europa machen zu können. Die Bürger der EU haben ein Recht darauf, am Entscheidungsprozess der EU teilzuhaben, da diese Entscheidungen jeden Bürger betreffen. Die Möglichkeiten zur Lösung der bestehenden Probleme sind recht vielfältig. Alle Mitglieder der Europäischen Union können von einem geeinten Europa profitieren. Die ist jedoch kein Prozess, welcher sich innerhalb von Monaten auf politischer Ebene vollziehen lassen kann. Zu einer Demokratisierung gehört neben einer normativen Verfassung für ein geeintes Volk auch der Wille des Volkes vereint zu werden. Dieser Prozess kann jedoch noch ein Langer sein, denn viele Bürger der separaten Staaten bestehen auf ihre nationale Souveränität ohne den Eingriff durch die EU. Das haben die jüngsten Referenden in Frankreich und den Niederlanden gezeigt, wo die neue EU-Verfassung abgelehnt wurde. Ein Grund dafür dürfte wohl das nicht hinreichende europäische Gefühl der Niederländer und Franzosen sein. Dafür bedarf es wohl auch noch einiger Zeit. Doch eine Reform einzelner Institutionen könnte dieses Gefühl schon auslösen. Nämlich, wenn der Bürger aktiv Europapolitik als ein eigenständiges Konzept wahrnimmt, welches abgekoppelt von der nationalen Politik positives bewirkt. Fraglich bliebe am Ende nur wie man die nationalen Parlamente in ferner Zukunft wahrnehmen sollten, wenn es zu einer wirklich demokratisch gleichwertigen EU käme. Bis es zu einem solchen Problem kommt ist jedoch für die Europäisch Union noch viel zu tun, um sie auf den beschriebenen Weg zu bringen.

Entscheidend sind die Institutionen, welche den europäischen Bürger einen demokratischen Staat vorleben.

---

[25] Nissen, Silke: Europäische Identität und die Zukunft Europas, in: Aus Politik und Zeitgeschichte: Beilage zur Wochenzeitung Das Parlament, Frankfurt am Main 13.09.2004, S. 21-28.

8. Literaturangaben

- Essing, Rainer: Europäisierung und Integration. Konzepte in der EU-Forschung, in: Jachtenfuchs, Markus und Beate Kohler Koch (Hrsg.): Europäische Integration, 2. Auflage, 2003.

- Hix, Simon: Parteien, Wahlen und Demokratie in der EU, in : Jachtenfuchs, Markus und Beate Kohler Koch (Hrsg.): Europäische Integration, 2. Auflage, 2003.

- Kielmansegg, Peter Graf: Integration und Demokratie, in : Knelangen, Wilhelm (Hrsg.): Übung zur Vorlesung Politische Theorie und Ideengeschichte, Kiel 2005.

- Lepsius, Rainer M.: Nationalstaat oder Nationalitätenstaat als Modell für die Weiterentwicklung der Europäischen Gemeinschaft, in: Wildenmann, Rudolf (Hrsg.): Staatswerdung Europas?, Band 9, Baden-Baden 1991.

- Maurer, Andreas: Parlamentarische Demokratie in der Europäischen Union, 1. Auflage, Baden-Baden 2001.

- Mickel, Wolfgang M.: Politische Bildung in der Europäischen Union, in : Sander, Wolfgang (Hrsg.): Handbuch politische Bildung, Band 476, Bonn 2005.

- Nida-Rümelin, Julian: Europäische Kultur –Identität und Differenz, in: http://www.bpb.de/popup/popup_druckversion.html?guid=WRCD85, 05.06.2005.

- Nissen, Silke: Europäische Identität und die Zukunft Europas, in: Beilage zur Wochenzeitung Das Parlament: Aus Politik und Zeitgeschichte, Frankfurt am Main 13.09.2004.

- Wessels, Wolfgang: Das politische System der EU, in: Weidenfeld, Werner (Hrsg.): Die Europäische Union- Politisches System und Politikbereiche, Band 442, Bonn 2004.

- Wissenschaftlicher Rat der Duden Redaktion: Das Fremdwörterbuch, 6.Auflage, Mannheim 1997.

- Woyke, Wichard: Handwörterbuch internationale Politik, 9. Auflage, Bonn 2004.

- http://europa-eu.int/abc/obj/treaties/de/detr2b.htm#Artikel_D, 02.06.2005.